IPMA® Prüfungswissen kompakt: Level D - Report

IPMA®
Prüfungswissen kompakt

Level D – Report

2. aktualisierte Auflage

Frank Pannwitz

Bibliografische Information der Deutschen Nationalbibliothek:
Die Deutsche Nationalbibliothek verzeichnet diese Publikation in der Deutschen Nationalbibliografie; detaillierte bibliografische Daten sind im Internet über http://dnb.dnb.de abrufbar.

2. akt. Auflage
© 2022 Frank Pannwitz
Herstellung und Verlag:
BoD – Books on Demand, Norderstedt

ISBN: 978-3-7557-5994-2

Entscheide lieber ungefähr richtig als genau falsch.

Johann Wolfgang von Goethe

Inhaltsverzeichnis

1 Über das Buch

1.1 Worum geht es?

Wie schon bei den bisherigen Bänden „IPMA© Prüfungswissen kompakt", handelt es sich auch bei diesem Band nicht um ein Fachbuch des Projektmanagements, sondern es hat nur ein Ziel:

Das Bestehen der IPMA®-Prüfung.

In diesem Band wollen wir uns darauf konzentrieren, den **Level D-Report** zu erstellen, der notwendig ist, wenn Sie den **Pfad 1** gewählt haben (vgl. Abschnitt 2.2).
Das notwendige Wissen, um den Report zu erstellen, entspricht dem der zweiten schriftlichen Prüfung des Pfades 2.
In diesem Band werde ich daher auf die notwendigen Punkte nicht ins Detail eingehen, sondern werde nur das Nötigste wiederholen. Wer einen etwas tieferen Einblick oder zusätzliche Informationen wünscht, dem kann ich den 1. Band dieser Minireihe empfehlen, der sich um das Basiszertifikat (bzw. Level D Teil 2) kümmert.

Das notwendige Wissen für die zusätzlich notwendige schriftliche Prüfung behandle ich im 2. Band: „IPMA© Prüfungswissen kompakt: Level D - Teil 1".

1.2 Aufbau

Nach einer kurzen Einführung über den Inhalt und dem Ablauf der IPMA®-Prüfung, kommen wir zum Hauptteil des Buchs.
Im ersten Teil verschaffen wir uns einen Überblick über die notwendigen Inhalte des Reports. Auch werde ich auf die formalen Vorgaben eingehen.
Im vierten Kapitel geht es dann endlich los: Wir werden anhand eines Beispielprojekts Schritt für Schritt einen Report erstellen. Hierzu werde ich zu jedem Reportkapitel zunächst die wichtigsten Punkte erläutern und dann für das jeweilige Kapitel beispielhaft den Report füllen.

Ich habe darauf verzichtet, einfach einen Report als Ganzes darzustellen, da es meiner Meinung nach wenig hilfreich ist, wenn man nicht die dazugehörigen Kommentare oder Hinweise erhält. Stattdessen gehen wir, wie gesagt, Schritt für Schritt bzw. Kapitel für Kapitel vor.

So, kann man **gezielt** sich ein **Kapitel aussuchen**, an dem man arbeiten möchte bzw. Hilfe benötigt.

Bitte beachten Sie, dass meine Antworten vom Umfang eventuell gekürzt sind, da es nur um das Prinzip gehen soll, wie man die jeweilige Passage bearbeiten könnte. Bitte schauen Sie genau, was bei Ihrem Projekt notwendig ist!

Wie immer bin ich für Ihr Feedback dankbar. Wer möchte, kann mir unter IPMA-Buch@ibb-pannwitz.de eine Nachricht senden.

So, genug der Worte. Auf geht's!

1.3 Zur 2. Auflage

In der Zwischenzeit wurden seitens der GPM zwei neue Versionen des Leitfadens veröffentlicht. Auf die Gestaltung oder dem Inhalt unseres Reports hat dieses aber keine Auswirkung. D. h., ich habe nur die entsprechende Nummer des Leitfadens aktualisiert.

Dank einiger Rückmeldungen habe ich ein paar Anpassungen und Verbesserungen vorgenommen, um eventuelle Unstimmigkeiten oder Unklarheiten zu bereinigen. Herzlichen Dank für alle Rückmeldungen!

Es liegt mir am Herzen, darauf hinzuweisen, dass dieses Büchlein nur ein Begleiter auf dem Weg zu Ihrem Report sein kann. Es ist und bleibt aber Ihre Aufgabe, einen Report für sich zu schreiben. Auch wenn es sich der ein oder andere wünscht, so kann ein Buch kein Garant dafür sein, dass Ihr Report den Ansprüchen des Assessors genügt. Es ist Ihr Werk, das zählt!

Auf dem Weg dahin wünsche ich Ihnen viel Spaß und viel Erfolg.

2 IPMA®-Prüfung

2.1 Notwendiges Wissen

Der Standard der GMP die "IPMA Individual Competence Baseline (ICB)" basiert auf Kompetenzen bzw. Kompetenzelementen (CE), die in drei Bereiche unterteilt sind:

- Kontext-Kompetenzen (Perspective): 5 CE
- Persönliche und soziale Kompetenzen (People): 10 CE
- Technischen Kompetenzen (Practice): 13 CE

Das notwendige Wissen, um den **Report** zu erstellen, umfasst hiervon **14 Kompetenzelemente** und einspricht übrigens dem Inhalt der Basiszertifikatsprüfung *(PM-Zert, 2020a) (PM-Zert, 2022)*:

	Kompetenzelement
People	Selbstreflexion und Selbstmanagement
	Persönliche Kommunikation
	Vielseitigkeit
Practice	Projektdesign
	Anforderungen und Ziele
	Leistungsumfang und Lieferobjekte
	Ablauf und Termine
	Organisation, Information und Dokumentation
	Qualität
	Kosten und Finanzierung
	Ressourcen
	Planung und Steuerung
	Chancen und Risiken
	Stakeholder

Entsprechend dieser 14 Elemente wird sich Ihr Report aufbauen (s. Kap. 3). Im hier nicht behandelten Teil der 90-minütigen schriftlichen Prüfung werden die übrigen 14 Kompetenzelemente abgefragt, so dass insgesamt alle 28 Kompetenzelemente behandelt werden.

2.2   Ablauf

Um ein **Level D-Zertifikat zu erlangen,** gibt es zwei mögliche Pfade (PM-Zert, 2022):

Pfad 1: Level D Report erstellen + Schriftliche Prüfung über 90 min. (entspricht Teil 1): Um den Report kümmern wir uns in diesem Band.

Pfad 2: Schriftliche Prüfung über 180 min. Es werden hierfür zwei Prüfungsteile á 90 min geschrieben: Teil 1 und Teil 2

Sie haben sich für den Pfad 1 entschieden, für den Sie also einen Report anfertigen müssen.

Der **Report** muss von Ihnen mindestens **2 Wochen vor der schriftlichen Prüfung** bei der PM-ZERT eingereicht worden sein.
Die Abgabe des Reports ist unproblematisch, da er als Upload Ihrer PDF-Datei in den geschützten Datenbereich vom Zertifizierungsportal erfolgt.
Sie erhalten nach dem Upload automatisch eine E-Mail als Nachweis der Abgabe.
Die PM-ZERT leitet den Report an den entsprechenden Assessor zur Beurteilung weiter.
Zur schriftlichen Prüfung sollten Sie ein Exemplar mitbringen, denn der Assessor wird Ihnen ein Feedback zu der Bewertung geben und eine Art „Lessons learned" durchführen. Bei Online-Prüfungen wird ähnlich verfahren.

Der Aufbau des Reports gliedert sich nach den 14 relevanten Kompetenzelementen – im nächsten Kapitel gehen wir etwas genauer darauf ein.
Die Kapitel bzw. die jeweiligen CEs werden einzeln beurteilt, ob „**erfüllt**" oder „**nicht erfüllt**".
Sie müssen mindestens **9 CEs** erfüllen. Ist dies nicht der Fall, entscheidet der Assessor, in welcher Form eine Überarbeitung zu erfolgen hat.
(PM-Zert, 2022)

Jetzt kommt noch ein große **Aber**: Um die Level D-Prüfung zu bestehen, müssen insgesamt (Report + schriftliche Prüfung) **23 CEs** bestanden/erfüllt werden. Sollten Sie im Report nur das Minimum von 9 CEs erfüllen, müssten Sie alle 14 CEs in der Prüfung bestehen.
Aber wo Schatten, da auch Licht: mit 14 erfüllten CEs im Report, reicht es, nur 9 CEs in der Prüfung zu bestehen.
Leider erfolgt das Feedback-Gespräch zum Report erst nach der schriftlichen Prüfung, so dass man nicht weiß, wo man steht.

Das 20-minütige Feedback-Gespräch ist als wertschätzende Reflektion der bewerteten Arbeit gedacht, in der Best Practice weitergegeben werden soll und Unstimmigkeiten innerhalb der Arbeit aufgedeckt oder Fehler angesprochen werden.

Im Fall, dass das Gesamtergebnis nicht erreicht ist (min. 9 CEs erfüllt), soll der Assessor Ihnen Hinweise geben, welche CEs Sie überarbeiten sollten. (PM-Zert, 2022)

3 Form & Aufbau des Reports

Kommen wir nun also zur äußeren Form und dem Aufbau des Reports. Hierfür gibt es klare **Vorgaben** seitens der PM-ZERT, die **verbindlich** sind.

Ich beziehe mich bei allen folgenden Angaben auf die derzeit gültige Version des Leitfadens: *Z01D_Leitfaden / 14 / 11.01.2022* (PM-Zert, 2022)

Da es immer wieder mal zu Überarbeitungen des Leitfadens kommen kann, sollten Sie auf der Internetseite der GPM

https://www.gpm-ipma.de/zertifizierung/projektmanager/ipma_level_d.html

nach Aktualisierungen schauen.

Da die verwendet Version auf dem Deckblatt Ihres Reports angegeben werden muss, wäre aber auch eine Bearbeitung nach einer älteren Version möglich – ich würde aber davon abraten.

3.1 Form des Reports

Pflichtvorgaben	
Papierformat	DIN A4 Hochformat; bei Grafiken in Ausnahmen Querformat (nicht bei Tabellen)
Schriftgröße	11 pts.
Zeilenabstand	einfach (größere Zeilenabstände sind erlaubt).
Ränder	2 cm (links, rechts, oben und unten)
Deckblatt	die verwendete Versionsnummer des verwendeten Leitfadens muss aufgeführt werden, z. B. *Z01D_Leitfaden / 14 / 11.01.2023*
Abkürzungen und Begriffe	Sollen in einem Abkürzungsverzeichnis/Glossar alphabetisch aufgelistet und verständlich erläutert werden
Abbildungen	Abbildungsverzeichnis anlegen
Verwendete Quellen	Quellenverzeichnis anlegen Bei Verwendung von Vorlagen ist die Quelle anzugeben.

Pflichtvorgaben	
Definitionen und Beschreibungen	sind mit eigenen Worten zu formulieren (Kopien sind zu kennzeichnen und mit Quellenhinweisen zu versehen)
Anlagen	wenn vorhanden: Anlagenverzeichnis anlegen
Fußzeile	Dateiname, Seitennummer und Version der Arbeit
Seitenanzahl	max. 25 Seiten netto Deckblatt, Inhaltsverzeichnis, sonstige Verzeichnisse, Anlagen und Selbsterklärung zählen nicht dazu.
Bookmarks (Lesezeichen)	Die Kapitel und Unterkapitel, Anhänge und Beispiele werden durch Lesezeichen (Bookmarks) gekennzeichnet
Dateiformat	PDF
Anzahl Dateien	1
Dateigröße	max. 7 MB
Dateiname	PM-ZERT-Prüfungsnummer und Ihr Name z.B. *09-101_Mueller-Hugo.pdf* Bitte keine Umlaute (äöüß) und keine Sonderzeichen (außer Binde- und Unterstrich) verwenden.
Schreibschutz	keinen Schreibschutz verwenden

Soweit die Vorgaben, die **zwingend** eingehalten werden müssen. Reports, die diesen Gestaltungsregeln nicht entsprechen, **können zurückgewiesen werden**.

Für mich fehlen in dieser Version des Leitfadens ein paar Punkte. Ich empfehle deshalb, die folgenden Dinge mit vorzusehen bzw. zu berücksichtigen, um einen professionellen Eindruck zu hinterlassen.:

Freiwillig	
Deckblatt	• Titel des Projekts • Version 1.0 • Ihr Vor- und Nachname • *Version des verwendeten Leitfadens nicht vergessen!*
Inhaltsverzeichnis	Seite 2

Freiwillig	
Kopfzeile	Titel des Reports
Layout	Keine Fuß- und Kopfzeile auf der 1. Seite
Änderungshistorie	Tabelle mit: Version; Datum; Name; Änderung/Bemerkung; nach Inhaltsverzeichnis (1. Punkt im Inhaltsverzeichnis)
Tabellenverzeichnis	Bei Verwenden von Tabellen separates Verzeichnis anlegen (auch wenn ich in meinen Büchern darauf verzichte 😊)
Anlagen	Hierzu gehören alle Verzeichnisse (außer Inhalt), evtl. Glossar. *(Das Anlageverzeichnis nicht vergessen!)*

Natürlich ist dieses alles Geschmackssache. Letztendlich liegt es an Ihnen, wie Sie den Report gestalten, solange Sie sich an die Vorgaben halten.

3.2 Aufbau des Reports

Auch hier gibt es eine ganz klare Gliederungsvorgabe. Es ist genau festgelegt welche Kapitel und Unterkapitel in welcher Reihenfolge aufzuführen sind und welche inhaltlichen Anforderungen erwartet werden. Die Bezeichnung und die Nummer des Kompetenzelementes müssen in den Überschriften genannt werden. Zusätzlich ist vorgegeben, ob es als Text, Grafik, Tabelle etc. bearbeitet werden soll (kursiv).
Sehen wir uns den Aufbau mal an:

Gliederungs-nummer	Inhaltliche Anforderungen
1.	Projektdesign 4.5.1.
1.1.	Beschreibung des Projekterfolgs aus der Sicht des Kunden/Auftraggebers – Priorisierung nach Termin-Kosten-Leistung – *Strukturierter Text und ggf. Grafik*
2.	Anforderungen und Ziele 4.5.2.
2.1.	Erstellung eines Projektsteckbriefs – *Formular*
2.2.	Darstellung von operationalisierten Zielen mit Sozialziel und

Gliederungs-nummer	Inhaltliche Anforderungen
	Nichtziel – *Tabelle*
2.3.	Gegenüberstellung und Priorisierung ausgewählter konkurrierender Ziele mit Begründung. – *Tabelle*
3.	**Qualität 4.5.6.**
3.1.	Benennung der Abnahmekriterien im Sinne von: Leistungsanforderungen, Zeitpunkt der Lieferung, erfolgreicher Testbetrieb oder Mindestrentabilität. – *Tabelle*
4.	**Stakeholder 4.5.12.**
4.1.	Erstellung eines Umfeldportfolios (sachlich – sozial und intern – extern). – *Grafik*
4.2.	Beschreibung der Stakeholder-Interessen und deren Erwartungen und Befürchtungen, sowie geeignete Maßnahmen zur Stakeholdersteuerung und Benennung der Strategie – *Tabelle*
4.3.	Darstellung eines Stakeholderportfolios - *Grafik*
5.	**Chancen und Risiken 4.5.11.**
5.1.	Erfassung und Benennung von drei Risiken und deren Ursachen – *Tabelle*
5.2.	Ermitteln von präventiven und korrektiven Maßnahmen und Berechnung des Risikowertes – *Tabelle unter 5.1. fortführen*
5.3.	Erfassung und Benennung einer Chance – *strukturierter Text oder Tabelle*
6.	**Organisation, Information und Dokumentation 4.5.5.**
6.1	Benennung und Begründung der gewählten Projektorganisation – *strukturierter Text*
6.2.	Beschreibung der Rollen mit Aufgabe/Kompetenz-Befugnissen/Verantwortung – *Tabelle/Matrix*
6.3.	Erstellung einer Dokumenten-/Kommunikations-/Informationsbedarfsmatrix aus Sicht des PL unter Angabe von Form und Inhalt der Nachricht, des Berichterstellers, des Empfängerkreises und der Berichtshäufigkeit – *Tabelle/Matrix*
7.	**Ablauf und Termine 4.5.4. Teil 1**
7.1.	Grafische Darstellung des Phasenplans – *Grafik*
8.	**Leistungsumfang und Lieferobjekte 4.5.3.**
8.1.	Graphische Darstellung eines codierten PSP – *Baumstruktur*
8.2.	Begründung der gewählten Gliederungsart (Orientierung) – *Text*

Gliederungs-nummer	Inhaltliche Anforderungen
8.3.	Beschreibung eines Arbeitspakets des PSP – *Formblatt*
9.	**Ablauf und Termine 4.5.4. Teil 2**
9.1.	Erstellung einer vollständigen Vorgangsliste; Auszüge werden nur mit Begründung akzeptiert – *Tabelle*
9.2.	Erstellung eines vollständigen vernetzten Balkenplans mit krit. Pfad; Auszüge werden nur mit Begründung akzeptiert – *Vernetzer Balkenplan (kann auch von Hand gezeichnet sein)*
10.	**Ressourcen 4.5.8.**
10.1.	Nennung der benötigten Ressourcen – *Text*
10.2.	Darstellung einer Ressourcenganglinie (Einsatzmittelganglinie) für eine Ressource – *Grafik*
11.	**Kosten und Finanzierung 4.5.7.**
11.1.	Erläuterung des Vorgehens der Kostenermittlung für das unter 8.3. gewählte Arbeitspaket und Auflistung der Kosten des AP – *Strukturierter Text und Tabelle*
12.	**Planung und Steuerung 4.5.10.**
12.1.	Erstellung eines Statusberichts mit Angabe des Fortschrittgrads (T,K,L) und Restzeit/Restaufwand für das unter 8.3. gewählte Arbeitspaket – *Formblatt*
13	**Selbstreflexion und Selbstmanagement 4.4.1.**
13.1.	Reflexion der eigenen Teamrolle– strukturierter Text
13.2.	Darstellung von 4 Projekt-Aufgaben in einer Eisenhower-Matrix – *Grafik*
14.	**Persönliche Kommunikation 4.4.3.**
14.1.	Darstellung eines im Projekt angewendeten Kommunikationsmodells (Nachrichtenquadrat, Sender-Empfänger-Modell, Eisbergmodell...) mit Beispielen aus dem Projekt aus Sender und Empfängersichtweise – *Strukturierter Text oder Grafik*
15.	**Vielseitigkeit 4.4.8.**
15.1.	Darstellung der im Projekt zu welchem Anlass verwendeten Moderationstechniken – *Strukturierter Text*

Für die Unterkapitel sind eigene Überschriften zu bilden: z. B. 1.1 Projekterfolgs aus der Sicht des Kunden/Auftraggebers.
Manchmal reicht dabei aber auch ein Schlagwort, z. B. 3.1 Abnahmekriterien.

Auch hier gilt: Reports, die diesen Gestaltungsregeln nicht entsprechen, **können zurückgewiesen werden**.

3.3 Selbsterklärung

Am Schluss Ihrer Arbeit müssen Sie die folgende schriftliche Erklärung ab-geben:

„Hiermit versichere ich, dass ich diesen Report eigenständig und inhaltlich ohne Mitwirkung Dritter angefertigt habe."

Auch wenn es nicht im Leitfaden steht, würde ich diese Erklärung (wenn technisch möglich) unterschreiben.

Das soll nun aber genug sein mit all den Formalitäten. Legen wir nun end-lich los mit unserem Report.

4 Projekt: „Umzug der administrativen Abteilungen"

*Hinweis: Im Folgenden werde ich im jeweiligen Unterkapitel 4.x.0 immer kurz auf die Grundlagen eingehen oder ein paar Dinge erläutern. Dieses dient ausschließlich für Sie als Erklärung. Diese Unterkapitel **erstellen Sie nicht** in Ihrem offiziellen Report! D. h., alles, was kursiv dargestellt ist, gehört nicht in Ihren Report.*

Ansonsten folgen wir immer dem Aufbau der offiziellen Vorgabe (bei der Kapitelnummerierung ist in diesem Buch lediglich jeweils eine 4. vorangestellt).

4.0 Beschreibung des Projekts

Meinen Projektauftrag, den ich nun bearbeiten möchte, habe ich mir wie folgt ausgedacht:

Ich bin Mitarbeiter eines jungen E-Bike-Herstellers, die ihren Sitz in einer kleineren Stadt in Niedersachsen hat.

Durch die gestiegene Nachfrage nach E-Bikes in den letzten Jahren ist das Unternehmen seit seiner Gründung kontinuierlich gewachsen. Am bisherigen Standort sind Einkauf, Sales, Produktion und Verwaltung gebündelt.

Wegen des Personalwachstums sollen nun Einkauf, Sales und die Verwaltung in ein neues Gebäude umziehen. Die freiwerdenden Räume sollen weiterhin durch produktionsnahe Abteilungen genutzt werden.

Die Unternehmensleitung hat mich beauftragt, den Umzug der genannten Abteilungen als Projekt zu organisieren. Das gesamte Projekt soll in max. 8 Monaten abgeschlossen sein, wobei man 3 Monate für die Suche der neuen Räume veranschlagt hat, 3 Monate für den Aufbau der Infrastruktur und einen weiteren Monat für den eigentlichen Umzug.

Das Budget beträgt 25.000 €

4.1 Projektdesign 4.5.1

4.1.0 Worum geht es?

In diesem Abschnitt sollen wir eine kurze Beschreibung des Projekts und des Projekterfolgs aus Kundensicht vornehmen. D. h., wir stellen ein kleines „Lastenheft" auf. Hier können wir ruhig etwas mehr Prosa verwenden.
Wichtig ist, auch eine Präferenz des Auftraggebers in Bezug auf Kosten-Termin-Leistung anzugeben (s. Abb. 1: Magisches Dreieck)

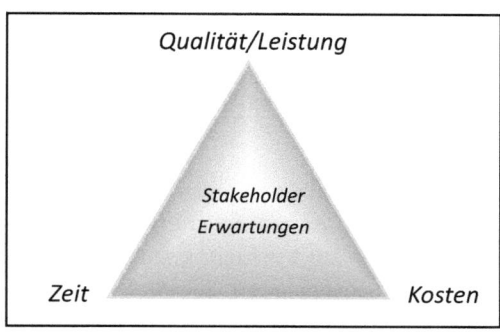

Abb. 1: Magisches Dreieck

Wer möchte kann hier auch ein Big Picture erstellen.

4.1.1 Projekterfolg aus Sicht des Kunden/Auftraggebers

Die Gespräche mit der Geschäftsleitung hat folgendes Bild des Projekts ergeben:

Die Firma „eBIKE GmbH" verzeichnet seit mehreren Jahren eine Umsatzsteigerung. Aus diesem Grund ist die Personalstärke des Unternehmens erheblich angewachsen. Dieses hat zur Folge, dass am bisherigen Standort der benötigte Raum nicht mehr ausreicht. Die Geschäftsführung möchte daher für die Abteilungen Einkauf, Sales und die Verwaltung neue Räumlichkeiten anmieten.

Für das Projekt „Umzug der administrativen Abteilungen" wurde folgende Anforderungen aufgestellt:

1. Suche nach neuen Räumlichkeiten im Umkreis von 5km.
2. Die Räumlichkeiten sollen es ermöglichen, dass den Abteilungen mindestens jeweils ein Raum zur Verfügung steht.
3. Die Abteilungen haben insgesamt z. Z. eine Personalstärke von 25 Personen. Es ist eine Reserve von 20% der heutigen Personalstärke mit einzuplanen.
4. Die monatliche Miete soll nicht höher als 10 T€ betragen.
5. Die Suche sollte nicht länger als 3 Monate nach Projektstart dauern.
6. Für alle Infrastrukturarbeiten sind Angebote einzuholen und der Geschäftsführung zur Entscheidung vorzulegen.
7. Der Aufbau der Infrastruktur inkl. der Einholung der Angebote darf 3 Monate nach Festlegung des Objekts nicht überschreiten.
8. Die Infrastrukturarbeiten sind zu koordinieren und zu überwachen (inkl. Abnahme).
9. Für den Umzug ist sind drei Angebote einzuholen und der Geschäftsführung zur Entscheidung vorzulegen.
10. Der eigentliche Umzug erfolgt abteilungsweise in drei Schritten und soll innerhalb eines Monats abgeschlossen sein.
11. Koordination des Umzugs mit dem Unternehmen und den betroffenen Abteilungen.
12. Die Einhaltung der Umzugskosten und die Kosten des Aufbaus der Infrastruktur gehören nicht zum Projektumfang, da sie von der Geschäftsleitung freigegeben und überwacht werden.
13. Das Projektbudget von 25 T€ beinhaltet ausschließlich die Bearbeitung und Planung des Umzugs.

Als zeitlicher Rahmen wurde vereinbart:

- Projektstart: 01.02.2023
- Start Umzug: 01.07.2023
- Abschluss Umzug: 31.07.2023
- Abschluss des Projekts: 31.08.2023

Von der Geschäftsführung wurde die Aussage getroffen, dass sie den Hauptfokus auf die Leistung des Projekts legen. Darunter verstehen sie z. B. auch die Einhaltung der zukünftigen Miete.
Darüber hinaus ist die Einhaltung des Termins von großer Bedeutung.
Die Einhaltung des Budgetrahmens hat hierbei eine untergeordnete Stellung.

4.2 Anforderungen und Ziele 4.5.2

4.2.0 Worum geht es?

Der erste Abschnitt ist klar formuliert: Wir sollen ein Formular für einen Projektsteckbrief erstellen und diesen Steckbrief mit unseren Projektdaten füllen. Für den Inhalt gibt es keine konkreten Vorgaben, so dass wir unser Formular selbst erstellen müssen. Hierbei können Sie für Ihr Formular nach Belieben von meiner Vorlage abweichen.

Im zweiten Abschnitt müssen wir unsere Ziele formulieren, operationalisieren und in einer Tabelle darstellen. Ziele zu operationalisieren bedeutet, sie im Hinblick auf ihren Inhalt, ihr Ausmaß, den Zeitrahmen für die Zielerreichung messbar zu machen und mit entsprechenden Kennzahlen zu unterlegen. Dieses sind zu unterteilen in:

- *Leistungsziele*
- *Terminziele*
- *Kostenziele*
- *Soziale Ziele*
- *Nicht Ziele*

Im dritten Abschnitt sollen wir die Beziehungen unsere Ziele überprüfen. Wir unterscheiden fünf Zielbeziehungen:

- ***Zielantinomie****: Die Ziele schließen sich gegenseitig aus.*

- ***Zielkonkurrenz****: Das Erreichen des einen Ziels erschwert das Erreichen des anderen Ziels.*

- ***Zielneutralität****: die Ziele beeinflussen sich nicht.*

- ***Zielkomplementarität****: Das Erreichen des einen Ziels fördert das Erreichen des anderen Ziels.*

- ***Zielidentität****: Die Ziele sind gleich.*

Für ein bis zwei Ziele, die in Konkurrenz stehen bzw. sich gegenseitig ausschließen, soll eine Tabelle erstellt werden, in der beide Ziele dargestellt werden und welche Priorität wir den beiden Zielen zuordnen und warum.

Gut, legen wir mit dem Steckbrief los.

4.2.1 Projektsteckbrief

Projektsteckbrief	Nr.: P01 Version: 1.0
Projektbezeichnung	Umzug der administrativen Abteilungen
Projektleiter	Frank Pannwitz
Projektbeteiligte	Abteilungsleiter der Abteilungen Einkauf (Fr. Billig), Sales (Hr. Teuer) und Verwaltung (Fr. Lustig)
Auftraggeber	Hr. W. Geizig, Geschäftsführer eBIKE GmbH
Projektziel	Organisation der Schaffung neuer Räumlichkeiten für die Abteilungen Einkauf, Sales und Verwaltung, Errichtung der notwendigen Infrastruktur, sowie der Umzug der Abteilungen
Projektunterziele	• Projektabwicklung mit professionellen Methoden • Einhaltung der Projektbudgets • Einhaltung des Terminrahmens
Erwarteter Nutzen	• Ausreichende Räumlichkeiten für den derzeitigen und zukünftigen Personalbestand der Abteilungen Einkauf, Sales und Verwaltung • Nutzung der freigewordenen Flächen für die Produktion
Termine	• Projektstart: 01.02.2023 • Start Aufbau Infrastruktur: 01.05.2023 • Start Umzug: 01.07.2023 • Abschluss Umzug: 31.07.2023 • Abschluss des Projekts: 31.08.2023
Budget	25.000 €
Risiken	• Betriebsabläufe werden länger gestört als eingeplant. • Keine passende Räumlichkeit sind zu finden. • Lieferengpässe bei der Infrastruktur.
Unterschriften Datum	Auftraggeber Projektleiter 20.12.2022 20.12.2022

Abb. 2: Projektsteckbrief

4.2.2 Darstellung der operationalisierten Ziele

Nr.	Bezeichnung	Beschreibung	Ist erreicht, wenn...	Priorität
1	Umzug der administrativen Abteilungen	Organisation der Schaffung neuer Räumlichkeiten für die Abteilungen Einkauf, Sales und Verwaltung, Errichtung der notwendigen Infrastruktur, sowie der Umzug der Abteilungen		
1.1	**Leistungsziele**			
1.1.1	Entfernung	Neue Räumlichkeit liegt in unmittelbarer Nähe	max. Entfernung < 5 km	2
1.1.2	Fläche	Gesamtfläche	min. 800 m²	1
1.1.3	Aufteilung Fläche	Anzahl Büroräume	min. 3	1
1.1.4	Arbeitsplätze	Anzahl Arbeitsplätze	min. 35	1
1.1.5	Angebote Infrastruktur	Anzahl	min. 3	1
1.1.6	Angebote Umzug	Anzahl	min. 3	2
1.1.7	Organisation Infrastruktur	• Ablaufplanung • Kommunikation mit ausführenden Unternehmen • Überwachung der auszuführenden Arbeiten Abnahme der auszuführenden Arbeiten	die Auszuführenden Aufgaben sind abgenommen	1
1.1.8	Organisation Umzug	• Ablaufplanung • Kommunikation m. beteiligten Abteilungen • Kommunikation mit Umzugsunternehmen • Kommunikation m. beteiligten Abteilungen • Kommunikation mit Umzugsunternehmen	Umzug ist abgeschlossen	1

Nr.	Bezeichnung	Beschreibung	Ist erreicht, wenn...	Priorität
1.2	Terminziele			
1.2.1	Suche Räumlichkeit	mit Vertragsabschluss abgeschlossen	bis spätestens 30.04.2023	1
1.2.2	Aufbau Infrastruktur	Aufbau abgeschlossen	bis spätestens 30.06.2023	1
1.2.3	Umzug	Umzug abgeschlossen	bis spätestens 31.07.2023	1
1.2.4	Projektende	Projektabgeschlossen	bis spätestens 31.08.2023	2
1.3	Kostenziele			
1.3.1	Gesamtbudget	Projektkosten	max. 25.000 €	1
1.3.2	Miete Räumlichkeit	Monatsmiete	max. 10.000 €/Monat	2
1.4	Sozialziele			
1.4.1	Barrierefreiheit	Barrierefreier Zugang zu den Räumlichkeiten	Einhaltung der NBauO	1
1.4.2	Mitarbeiterzufriedenheit	Befragung der Projektbeteiligten durch formalisierten Fragebogen	Durchschnitt min. Note 2	1
1.5	Nichtziele			
1.5.1	Sozialräume	Umkleideraum mit Dusche		
1.5.2	Einhaltung Budget für Infrastruktur und Umzug	Freigabe durch GF		

Abb. 3: Operationalisierte Ziele

4.2.3 Priorisierung ausgewählter konkurrierender Ziele

Lfd. Nr.	Ziel-Beziehung	Zielkonflikt zwischen		Priorität
ZK1	konkurrierend	1.1.2 min. Fläche	1.3.2 max. Höhe der Miete	1.1.2 um ausreichend Raum in der Zukunft zu haben
ZK2	konkurrierend	1.1.2 passende Räumlichkeit mit min Fläche finden	1.1.1 max. Entfernung	1.1.2; Sicherung der Zukunft

Abb. 4: Ausgewählte Zielkonflikte

Lfd. Nr.	Beschreibung	Maßnahmen
ZK1	Die angesetzte Maximalmiete von 10 T€ ist, im Verhältnis zur angesetzte min. Fläche von 800 m² gering.	Nach der Aufstellung der Angebote infrage kommender Räumlichkeiten, wird die Grenze der max. Miete neu bewertet. 1.1.2 hat Vorrang zu 1.3.2
ZK2	Der enge Radius von 5 km schränkt die Suche nach einer passenden Räumlichkeit sehr ein.	Nach der Aufstellung der Angebote infrage kommender Räumlichkeiten, wird die Grenze der max. Entfernung neu bewertet. 1.1.2 hat Vorrang

Abb. 5: Lösungsansatz für ausgewählte Zielkonflikte

4.3 Qualität 4.5.6

4.3.0 Worum geht es?

In diesem Kapitel wird erwartet, dass wir Abnahmekriterien definieren und tabellarisch darstellen. Weitergehende Überlegungen sind nicht notwendig.

4.3.1 Abnahmekriterien

Die Abnahmekriterien wurden gemeinsam mit dem Planungsteam in einem 2std. Workshop ermittelt:

Nr.	Lieferobjekt	Beschreibung	Kriterium	Abnehmer
1	Mietvertrag	Mietvertrag liegt zur Unterschrift verhandelt vor.	liegt vor	GF
2	Angebote Infrastruktur	Aussagekräftige und detaillierte Angebote von potenziellen ausführenden Unternehmen liegen vor.	3	GF
3	Aufbau Infrastruktur	Alle beauftragten Arbeiten sind abgeschlossen.	Abnahme-Protokoll	PL
4	Angebote Umzug	Aussagekräftige Angebote von Umzugsunternehmen liegen vor.	3	GF
5	Umzug ist vollzogen	Mitarbeiter der Abteilungen Einkauf, Sale und Verwaltung sind umgezogen und haben ihre Arbeit wieder aufgenommen	Protokoll	GF
6	Zufriedenheitsbefragung Mitarbeiter	Nach Abschluss des Umzugs werden per formalisiertem Fragebogen alle projektbeteiligten Mitarbeiter befragt.	Note 2 oder besser	GF

Abb. 6: Abnahmekriterien

4.4   Stakeholder 4.5.12

4.4.0   Worum geht es?

In diesem Kapitel wird es wieder etwas aufwendiger.

Zunächst muss eine Umfeldanalyse erstellt werden, denn jedes Projekt findet in einem Umfeld statt, das den Projektverlauf beeinflussen kann und darf daher nicht isoliert betrachtet werden.

*Eine Projektumfeldanalyse zeigt diese Einflussfaktoren auf das Projekt auf. Die Umfeldanalyse untersucht hierzu die **externen** und **internen Einflüsse** auf das Projekt und unterscheidet dabei jeweils zwischen **sachlichen** und **sozialen** Einflussgrößen.*

*Die internen und externen **sozialen Einflussgrößen** werden dann in der **Stakeholder-Analyse** genauer analysiert, während die **sachlichen** Einflussgrößen die Basis für die **Chancen- und Risikoanalyse** bilden.* (projektmagazin, 2021)

Das Ergebnis der Umfeldanalyse kann in einer entsprechenden Matrix dargestellt werden:

	Intern	Extern	
Sachlich (Risiken)	Prozesse, Anweisungen	Gesetze, Normen	⇒ Chancen- und Risikoanalyse
Sozial (Stakeholder)	Betriebsrat, Mitarbeiter	Nachbarn, Kunden, Lieferanten	⇒ Stakeholder-Analyse

Abb. 7: Umfeldanalyse-Matrix (Beispiel)

*Anschließend ist eine Stakeholder-Analyse in Tabellenform vorzunehmen. In der **Stakeholder-Analyse-Tabelle** werden alle Stakeholder, deren Interessen, Erwartungen (Befürchtungen), deren Einfluss (Macht), sowie deren Konfliktpotential erfasst. Ergänzt wird dieses durch eine Strategie und die erforderlichen Maßnahmen*

*Stakeholder haben, wie gesagt, Einfluss auf das Projekt. Daher ist es wichtig, sich mit diesen Personen zu **beschäftigen** und geeignete **Strategien** und **Maßnahmen** zum **Umgang** mit ihnen zu **treffen**, um den Projekterfolg nicht zu gefährden bzw. das Unterstützungspotenzial voll auszuschöpfen. Außerdem hängt die geeignete Strategie davon ab, wie groß der **Einfluss** des Sta-*

keholders auf das Projekt ist. Dieses wird durch die Analyse der Macht berücksichtigt.

Aus diesem Grund **clustert** man Stakeholder und entscheidet, wie man mit ihnen umgehen möchte:

- **Partizipativ**: Aktive Einbindung des Stakeholders als Partner inkl. das Einbinden bei Entscheidungen.

- **Diskursiv**: Sachliche und faire Auseinandersetzung mit dem Stakeholder. Umgang erfordert Konfliktmanagement.

- **Restriktiv**: Stakeholder werden bewusst nur eingeschränkt mit ausgewählten Informationen versorgt, frei nach dem Motto: So viel wie nötig, so wenig wie möglich.

- **Repressiv**: Stakeholder werden nur sehr eingeschränkt informiert. Ausübung von Macht.

Daraus ergibt sich eine Matrix:

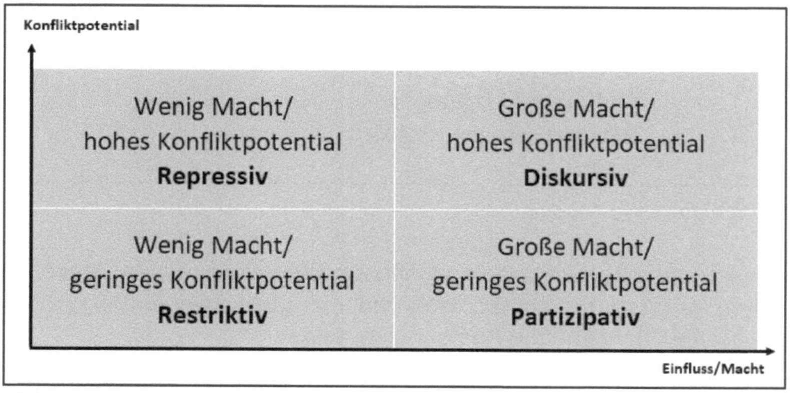

Abb. 8: Stakeholder-Matrix

Diese müssen wir abschließend im Unterkapitel 3 aufstellen.

Im Gegensatz zu einer Rollenbeschreibung, die allgemein gehalten ist, handelt es sich bei der Stakeholder-Analyse bei den Stakeholdern i. d. R. um konkrete Personen oder Personengruppen. Ich führe daher nie den Projektleiter als Stakeholder auf, da er die Stakeholder-Analyse durchführt und in erster Linie anwendet bzw. umsetzt. Aus dieser resultiert ja eine „Handlungsanleitung" für den Umgang mit dem jeweiligen Stakeholder. Eine Anleitung für sich selbst macht dabei keinen Sinn.

4.4.1 Umfeldportfolio

In der Umfeldanalyse wurden die externen und internen Einflüsse auf das Projekt ermittelt und dabei jeweils zwischen sachlichen und sozialen Einflussgrößen unterschieden.

	Intern	Extern
Sachlich	• PM-Handbuch • Budgetrahmen	• Gesetze: ArbStattV, ArbSchG, NBauO • Markt für Büroräume
Sozial	• Hr. Geizig, GF, Auftraggeber • Fr. Billig, Leiterin Einkauf • Hr. Teuer, Leiter Sales • Fr. Lustig, Leiterin Verwaltung • Projektteam • Mitarbeiter der betroffenen Abteilungen • Belegschaft der eBike GmbH	• Makler • Umzugsfirmen • Infrastrukturanbieter • Vermieter

Abb. 9: Umfeldanalyse-Matrix

Die internen und externen sozialen Einflussgrößen werden einer Stakeholder-Analyse genauer betrachtet, während die sachlichen Einflussgrößen die Basis für die Chancen- und Risikoanalyse bilden.

4.4.2 Stakeholder-Interessen

Lfd. Nr.	Stakeholder	Erwartungen(E)/ Befürchtungen (B)	Einstellung zum Projekt	Konfliktpotenzial	Einfluss/ Macht
S1	Hr. Geizig (Auftraggeber)	Erfolgreicher Umzug in neue geplant große Räumlichkeiten (E)	positiv	niedrig	hoch

Lfd. Nr.	Stakeholder	Erwartungen(E)/ Befürchtungen (B)	Einstellung zum Projekt	Konfliktpotenzial	Einfluss/ Macht
		Leistungs- und Terminvorgaben werden nicht eingehalten(B)			
S2	Fr. Billig	Mehr Platz in den neuen Räumlichkeiten (E) Informationsaustausch mit Produktion verschlechtert sich (B)	positiv	niedrig	hoch
S3	Hr. Teuer	Mehr Platz in den neuen Räumlichkeiten (E) Lautstärke bei Großraumbüros (B)	positiv	niedrig	hoch
S4	Fr. Lustig	Mehr Platz in den neuen Räumlichkeiten (E) Kommunikation wird schlechter (B)	positiv	niedrig	hoch
S5	Projektteam	Freiraum zur Erledigung der AP (E) Zu enger Zeitrahmen (B)	positiv	hoch	hoch
S6	Mitarbeiter Abteilungen	Mehr persönlicher Platz in den neuen Räumlichkeiten (E) Entfernung neues Büro (B)	positiv	hoch	niedrig
S7	Mitarbeiter eBIKE GmbH	Mehr Platz in den alten und neuen Räumlichkeiten (E) Kommunikation wird schlechter (B)	positiv	niedrig	niedrig
S8	Makler	Räumlichkeit ver-	positiv	niedrig	niedrig

Lfd. Nr.	Stakeholder	Erwartungen(E)/ Befürchtungen (B)	Einstellung zum Projekt	Konfliktpotenzial	Einfluss/ Macht
		mitteln (E) Kein Abschluss (B)			
S9	Umzugsfirmen	Auftrag erhalten (E) Kein Auftrag (B)	positiv	niedrig	niedrig
S10	Infrastrukturfirmen	Auftrag erhalten (E) Kein Auftrag (B)	positiv	hoch	niedrig
S11	Vermieter	Räumlichkeit wirtschaftlich vermietet (E) Schäden am Haus durch evtl. Umbau und Umzug (B)	positiv	hoch	hoch

Abb. 10: Stakeholder-Analyse – Identifikation und Bewertung

Legende:
Konfliktpotential; Einfluss/Macht: niedrig, hoch.
Einstellung zum Projekt: positiv, negativ

[Hinweis: die vorige Tabelle (Abb. 10) kann bei Ihnen zusätzlich die Spalte Strategie enthalten]

Im 2. Schritt werden die Strategien und Maßnahmen festgelegt.

Lfd. Nr.	Stakeholder	Strategie	Maßnahmen
S1	Hr. Geizig	partizipativ	regelmäßiger Bericht über Status; in Entscheidungen Einbinden
S2	Fr. Billig	partizipativ	regelmäßiger Bericht über Status; in Entscheidungen Einbinden
S3	Hr. Teuer	partizipativ	regelmäßiger Bericht über Status; in Entscheidungen Einbinden

Lfd. Nr.	Stakeholder	Strategie	Maßnahmen
S4	Fr. Lustig	partizipativ	regelmäßiger Bericht über Status; in Entscheidungen Einbinden
S5	Projektteam	diskursiv	offen Diskussion über geplante Maßnahmen
S6	Mitarbeiter Abteilungen	repressiv	Regelmäßige Informationen zum Stand des Projekts
S7	Mitarbeiter eBIKE GmbH	restriktiv	Ereignisbezogene Informationen
S8	Makler	restriktiv	Ereignisbezogene Informationen
S9	Umzugsfirmen	restriktiv	Ereignisbezogene Informationen
S10	Infrastrukturfirmen	diskursiv	offen Diskussion über geplante Maßnahmen
S11	Vermieter	diskursiv	offen Diskussion über geplante Maßnahmen

Abb. 11: Stakeholder-Analyse – Strategie und Maßnahmen

4.4.3   Stakeholder-Portfolio

Das Portfolio unserer elf Stakeholder können wir grafisch darstellen:

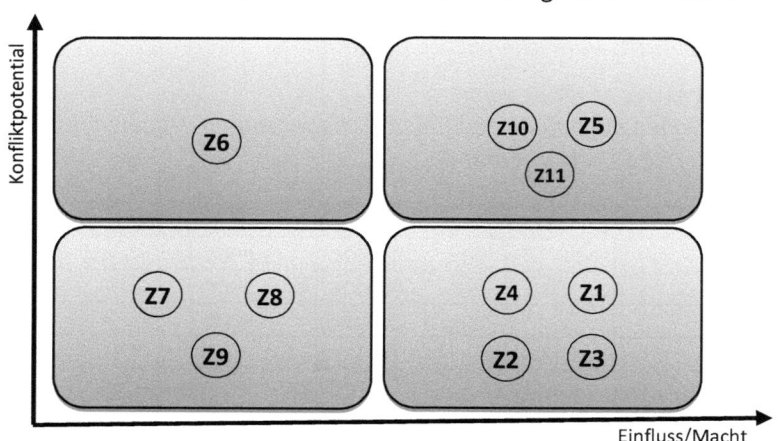

Abb. 12: Stakeholder-Portfolio

4.5 Chancen und Risiken 4.5.11

4.5.0 Worum geht es?

Im ersten Teil sollen wir drei Risiken und deren Ursache benennen und tabellarisch darstellen.

Für den 2. Teil sollen die ermittelten Risiken bewertet werden, in dem der Risikowert berechnet wird. Um Risiken zu bewerten, werden zwei Faktoren berücksichtigt:

- Eintrittswahrscheinlichkeit
- Schaden in Form von:
    - Schadenshöhe oder
    - Tragweite oder
    - Auswirkung

In der Risikotabelle wird für jedes Risiko die Eintrittswahrscheinlichkeit (EW) und die Schadenshöhe (SH) geschätzt. Das Produkt aus beiden ist der Risikowert (RW):

$$RW = EW \cdot SH$$

Wir erweitern daher unsere Tabelle aus 4.5.1 um die Eintrittswahrscheinlichkeit, der Schadenshöhe und den Risikowert sowie um jeweilige Maßnahmen.
Bei den Risiko-Maßnahmen unterscheidet man zwischen:

- Präventive Maßnahmen:
  Sie sollen die Gefahr des Eintretens des Risikos vermindern, d. h. die Eintrittswahrscheinlichkeit verringern.

- Korrektive Maßnahmen:
  Sie sollen die negativen Effekte (Schadenshöhe/ Tragweite) bei Eintreten des Risikos vermindern.

Nr.	Name	Ursache	EW	SH	RW	Maßnahmen
1			20%	5.000€	1.000€	
2			5%	25.000€	1.250€	
3			30%	12.000€	3.600€	
...						

Abb. 13: Risikotabelle (Beispiel)

Im dritten Teil sollen wir abschließend noch eine Chance beschreiben.

4.5.1 Risikoanalyse

Lfd. Nr.	Name	Ursache	EW	SH	RW	Maßnahmen
R1	Mitarbeiter verletzt sich beim Umzug schwer	Sturz im Treppenhaus	5%	200.000€	10.000€	korrektiv: Versicherung abschließen. präventiv: schwere Gegenstände werden nur durch das Umzugsunternehmen bewegt.
R2	Umzugsfirma sagt ab	Insolvenz des Umzugsunternehmens	2%	100.000€	2.000€	präventiv: min ein Unternehmen als Back-up finden.
R3	Zeitrahmen wird überschritten	Projektzeit verlängert sich	10%	100.000€	10.000€	präventiv: Statusschrittmethode, um frühzeitig reagieren zu können.

Abb. 14: Risikoanalyse inkl. Bewertung und Maßnahmen

Legende:
EW := Eintrittswahrscheinlichkeit
SH := Schadenshöhe
RW := Risikowert

4.5.2 Maßnahmen zur Risikobegegnung

Die Eintrittswahrscheinlichkeit und die Schadenshöhe wurden jeweils geschätzt. Der Risikowert berechnet sich aus:

Risikowert = Eintrittswahrscheinlichkeit · Schadenshöhe

Es wurden je Risiko korrektive und/oder präventive Maßnahmen definiert. Die Tabelle wurde entsprechend erweitert (s. Abb. 14).

[Hinweis: wer möchte, ergänzt diese Tabelle noch um die Strategie und die Kosten der Maßnahme]

4.5.3 Chancenanalyse

<u>Chance</u>:
Durch ein neues, modernes Büro kann die Attraktivität als Arbeitgeber gesteigert werden. Dieses kann die Einstellung des zukünftig zusätzlichen benötigten Fachpersonals erleichtern.

4.6 Organisation, Information und Dokumentation 4.5.5

4.6.0 Worum geht es?

Zunächst müssen wir festlegen, welche Projektorganisation wir wählen und begründen, warum wir diese gewählt haben.

Zur Auswahl haben wir: (Burghardt, 2018) (Timinger, 2017)

- *Einfluss-/Stabs-Projektorganisation: bietet sich für kleinere Projekte an, wie z. B. Organisationsprojekte.*
- *Matrix-Projektorganisation: empfiehlt sich für mittlere bis große Projekte, die bereichsübergreifend sind.*
- *Autonome (Reine) Projektorganisation: ideal für große Projekte mit langer Laufzeit, wie z. B. Forschungs- und Entwicklungsprojekte (evtl. mit Geheimhaltung).*

Unsere zweite Aufgabe besteht darin, eine sogenannte AKV-Matrix zu erstellen: Aufgaben, Kompetenz und Verantwortung werden für jede Rolle beschrieben und übersichtlich dargestellt.

- **Verantwortung** *ist die Summe aller Verpflichtungen, die mit einer bestimmten Aufgabe verbunden sind.*
- **Befugnis** *ist die Berechtigung, bestimmte Entscheidungen zu treffen und bestimmte Handlungen durchzuführen.*
- **Kompetenz** *ist zum einen als Synonym der Befugnis zu verstehen und zum anderen ist es die Fähigkeit, Wissen und Fertigkeiten situativ richtig einzusetzen. In unserem Fall wird Kompetenz die Befugnis einer Rolle verstanden.*

Als letzte Teilaufgabe wird von uns eine kombinierte Tabelle für Dokumente, Informationen und Kommunikation erwartet. I. d. R sind dies separate Tabellen. Wir dürfen sie aber, wie gesagt, zu einer zusammenfasen. Als Inhalt der Tabelle ist gefordert:

- *Form und Inhalt der Nachricht,*
- *der Berichtersteller,*
- *der Empfängerkreises und*
- *die Berichtshäufigkeit.*

4.6.1 Projektorganisation

Mit der Geschäftsführung wurde vereinbart, dass dieses Projekt als Stabs-Projektorganisation durchgeführt wird.

Es handelt sich bei diesem Projekt um ein reines Organisationsprojekt, das wenig interdisziplinäre Unterstützung bedarf. Es ist somit nicht erforderlich, dass der Projektleiter weisungsbefug gegenüber der Teammitglieder ist.

Da der Projektleiter während des Projektes direkt der Geschäftsführung unterstellt ist, kann von kurzen Entscheidungswegen ausgegangen werden.

Als Mitglieder des Lenkungsausschusses wurden, neben dem Geschäftsführer (= Auftraggeber), die Abteilungsleiter der Abteilungen Einkauf, Sales, Verwaltung und Produktion benannt. Den Vorsitz übernimmt der Geschäftsführer Hr. Geizig.

4.6.2 Rollen mit Aufgaben/Kompetenzen/Verantwortung

Rolle	Aufgabe	Kompetenz	Verantwortung
Projektleiter (PL)	Planung und Steuerung des Projekts	Führung des Projektteams; Abnahme Infrastruktur verweigern	Gesamtergebnis Kosten, Termin, Leistung; Berichtspflicht gegenüber dem LA; Abnahme Infrastruktur
Projekt-Auftraggeber (PAG)	Freigabe Budget; Prüfung aller Abnahmepunkte	Budgeterhöhung; Abnahme verweigern; Projekt stoppen	Positive Projektbedingungen schaffen; Abnahme
Lenkungsausschuss (LA)	Eskalationsgremium; Unterstützung des PL	Abnahme Konzept; Bereitstellung von Personal	Einsetzen des PL; Entscheidung bei Eskalationen
Arbeitspaketverantwortlicher (APV)	Bearbeiten und Steuern der Aktivitäten zu Erledigung des Arbeitspakets	Entscheidungen im Rahmen der Arbeitspakete	Termingetreue Lieferung der Arbeitspakete; Berichtspflicht gegenüber PL

Rolle	Aufgabe	Kompetenz	Verantwortung
Hausjurist (JU)	Prüfen der Verträge mit externen Dienstleistern	Vertragsverhandlungen und -abschluss im Rahmen seinen Zeichnungskompetenz	Juristisch „sichere" Verträge abschließen (keine „Fallstricke")

Abb. 15: AKV-Matrix

4.6.3 Dokumenten-/Kommunikations-/Informationsbedarfsmatrix

Um eine zielgerichtete Kommunikation und Adressierung von Dokumenten und Informationen sicherzustellen, wird eine Dokumenten-, Kommunikations- und Informationsmatrix aufgestellt:

Sender	Empfänger	Inhalt	Form	Zyklus
PL	LA	Projektfortschritt	Statusbericht, PDF	wöchentlich Mo. 09:00
PL	P-Team	Projektfortschritt	Per E-Mail	wöchentlich Fr. 15:00
PL	P-Team	Klärung offener Punkte	Jour Fixe	wöchentlich Mi. 10:00
PL	LA, P-Team	Projektplan	PDF per E-Mail	bei Änderungen
APV	PL	Status Arbeitspaket	Per E-Mail	wöchentlich Fr. 14:00
APV	PL	Arbeitspaketbeschreibung	Formblatt, PDF Projektablage	bei Bedarf und Änderung
JU	PL, LA	Status Vertragsverhandlungen	per E-Mail	bei Bedarf; min. 1 x monatlich
LA	PL	Projektauftrag	PDF unterschrieben per E-Mail	Einmalig bei Erteilung

Abb. 16: Dokumenten-, Kommunikations- und Informationsmatrix

4.7   Ablauf und Termine 4.5.4 Teil 1

4.7.0   Worum geht es?

In diesem Abschnitt sollen wir zunächst nur den Phasenplan aufstellen. Alle weiteren Details zum Ablauf und Termin erfolgt später.

Wir sollen also unser Projekt in Projektphasen unterteilen (nicht zu verwechseln mit den Projekt<u>managment</u>phasen Initialisierung, Definition, Planung, Steuerung und Abschluss).

Doch was versteht man unter Projektphasen?
Eine Projektphase ist:
- *ein zeitlicher Abschnitt eines Projekts.*
- *eine sachliche Abgrenzung gegenüber anderen Abschnitten.*

Hierbei ist zu beachten:
- *Projektmanagementphasen sind für alle Projekte identisch.*
- *Projektphasen sind projektspezifisch.*

Das bedeutet, wir können unsere Phasen benennen, wie wir es wünschen. Zwei Phasen werden immer durch einen Meilenstein voneinander getrennt.
Ein Meilenstein ist:
- *Ein definiertes Ereignis mit besonderer Bedeutung*
- *Dient dem Phasenübergang*
- *Zeitpunktbezogener Status*
- *Hat immer die Dauer 0*

Wichtig ist, dass jedes Projekt mit einem Meilenstein beginnt und mit einem endet.

4.7.1 Phasenplan

Zur Erstellung des Phasenplans wurde zunächst eine Übersicht der Meilensteine aufgestellt:

Lfd. Nr.	Bezeichnung
MS1	Projektstart
MS2	Mietvertrag ist unterschrieben
MS3	Arbeiten Infrastruktur abgeschlossen
MS4	Umzug abgeschlossen
MS5	Projektabschluss

Abb. 17: Übersicht Meilensteine

Nachdem die Phasen benannt und beschrieben sind wurde unter Berücksichtigung der Meilensteine ein Phasenplan aufgestellt:

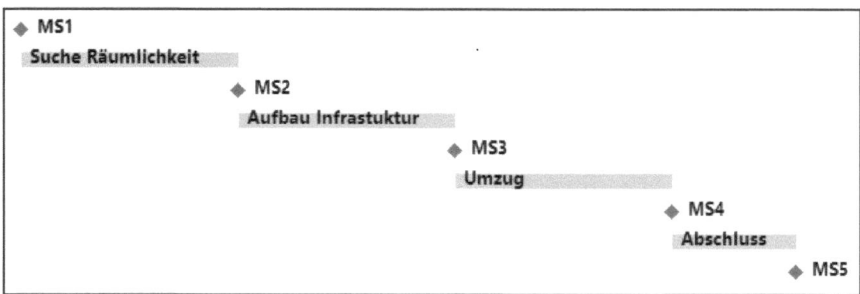

Abb. 18: Grafischer Phasenplan

4.8 Leistungsumfang und Lieferobjekte 4.5.3

4.8.0 Worum geht es?

Als erste Aufgabe ist ein Projektstrukturplan (PSP) aufzustellen. Der Projektstrukturplan (PSP) ist eine vollständige hierarchische Darstellung aller Elemente eines Projekts, wie z. B. Teilprojekte, Teilaufgaben und Arbeitspakete.

Der PSP beantwortet die Fragen:

- *Was ist zu tun?*
- *Wer macht was/ ist für was verantwortlich?*
- *Wie ist das Projekt strukturiert?*

Hierzu werden im PSP das Projekt in Teilprojekte, Teilaufgaben und Arbeitspakete zerlegt.

Um einen Projektstrukturplan zu strukturieren, kann man folgende Gliederungsarten verwenden:

- *Phasenorientiert*
- *Objektorientiert*
- *Funktionsorientiert (Linienorientiert)*
- *Gemischtorientiert*

*Zu beachten ist, dass der erste (äußerst linke) Zweig **immer** das Projetmanagement ist.*

*Darüber hinaus ist ein **codierter** PSP aufzustellen. D. h., alle Arbeitspakete, Teilaufgaben usw. haben eine **eindeutige** Nummer.*

Für die Codierung haben wir die Auswahl zwischen:

- *Numerisch: „1" / „1.1" / „579"*
- *Dekadisch: 1. Stufe: „1", „2" / 2. Stufe „10", „20"*
- *Alphabetisch: „A", „B", „FP", „GS"*
- *Alpha-Numerisch: „A1", „B1", „B1.2"*

Für den zweiten Teil der Aufgabe sollen wir kurz begründen, warum wir ausgerechnet diese Orientierung gewählt haben.

*Bei der letzten Unteraufgabe beschreiben wir ein Arbeitspaket mit Hilfe eines Formblatts. Das Arbeitspaket ist die **kleinste Einheit** im Projektstrukturplan. Es stellt grundsätzlich eine in sich **geschlossene Aufgabe** dar. Für jedes Arbeitspaket ist **ein Verantwortlicher** eindeutig benannt.*

4.8.1 Projektstrukturplan (PSP)

[Hinweis: der PSP wurde hier zur besseren Lesbarkeit im Querformat darge-stellt.]

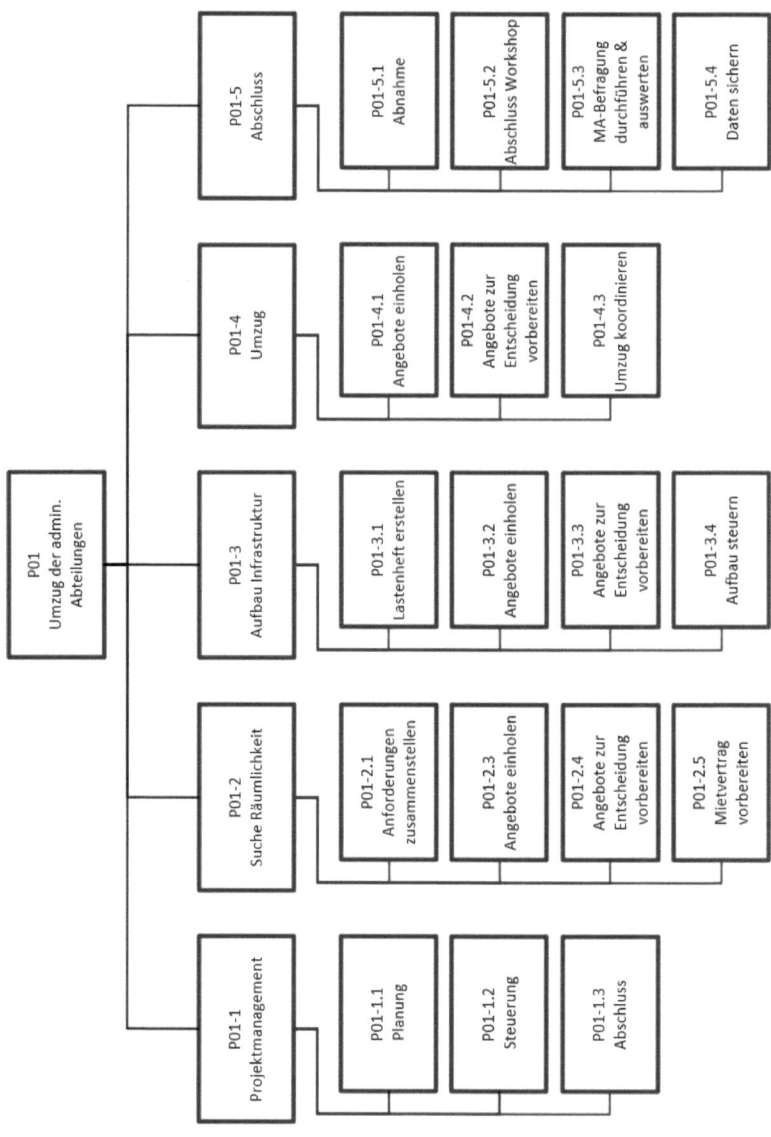

s

Abb. 19: Projektstrukturplan

4.8.2 Begründung der gewählten Orientierung

Für den PSP wurde eine phasenorientierte Gliederung gewählt, da diese unsere geplante Vorgehensweise gut widerspiegelt. Die jeweilige Phase kann erst gestartet werden, wenn die vorherige abgeschlossen ist. Darüber hinaus wird durch die phasenorientierte Gliederung die Steuerung des Projektes und die Kommunikation mit dem Lenkungsausschuss erleichtert. Ein Projektfortschritt ist somit anhand des PSP leichter ablesbar bzw. nachvollziehbar.

4.8.3 Beschreibung eines Arbeitspakets des PSP

Projekt	P01	Version/ Datum	1.0 13.05.2023
PSP-Code	P01-4.1	Phase	Umzug
AP- Bezeichnung	Angebote für Umzug einholen		
AP- Verantwortlich	H. Simpson		
Termine/Aufwand	Anfang 11.07.2023	Endtermin 29.07.2023	Aufwand 15 Personentage
AP- Ziele	Drei Angebote für den kompletten Umzug der Abteilungen Einkauf, Sales und Verwaltung werden von Umzugsfirmen eingeholt.		
AP- Inhalte	• Ermittlung des Umfangs des Umzugs • Einholen von drei Angeboten • Kommunikation mit den Umzugsfirmen bei Rückfragen bezüglich des Angebots		
AP- Ergebnisse	Drei aussagekräftige Angebote von Umzugsfirmen		
Erforderliche Ressourcen	Hausjurist nach Bedarf		
Budget	7.200 €		
Schnittstellen	Nachfolger P01-2023-420		
Risiko	• Ungenügende Information • Umzugsfirmen haben zum gewünschten Zeitpunkt. keine freie Kapazität		
Fortschrittsmessung	Mengenproportionalität		

Abb. 20: Arbeitspaketbeschreibung

4.9 Ablauf und Termine 4.5.4 Teil 2

4.9.0 Worum geht es?

Dieser zweite Teil der Ablauf- und Terminplanung basiert auf unseren Struk-turplan. Wir müssen nämlich nun eine Vorgangsliste erstellen. Dieses wird in der Literatur auch Ablaufplanung genannt. Hierbei werden alle Arbeits-pakete aus dem PSP in sachlogischer Reihenfolge aufgelistet. Hierbei kann es zwischen den Vorgängen vier verschiedene Anordnungsbeziehungen ge-ben:

- *Normalfolge (NF) oder (EA)*
  Der Nachfolger beginnt, wenn der Vorgänger beendet ist → Ende-Anfang (EA)

- *Anfangsfolge (AA)*
  Zwei Vorgänge beginnen gleichzeitig

- *Endfolge (EE)*
  Zwei Vorgänge enden zur gleichen Zeit.

- *Sprungfolge (SF) oder (AE)*
  Der Nachfolger endet zum Zeitpunkt des Beginns des Vorgängers.

Anschließend soll die Vorgangsliste in ein Balkendiagramm übertragen werden, in dem die Vorgänge miteinander vernetzt sind. Zusätzlich ist der kritische Pfad zu kennzeichnen. Der kritische Pfad ist der Pfad im Netzplan, bei dem der Gesamtpuffer null ist. Eine Verspätung eines Vorgangs auf die-sem Pfad führt zu einer Verspätung des gesamten Projekts.

4.9.1 Vorgangsliste

Auf Basis des PSP und des Phasenplans wurde die Vorgangsliste erstellt:

PSP Code	Vorgang	Dauer Tage	Vorgänger	AOB
P01	Projekt „Umzug der admin. Abteilungen"			
MS1	Projektstart	0		
P01-1	Projektmanagement			
P01-1.1	Planung	5	MS1	
P01-1.2	Steuerung	144	P01-1.1	
P01-1.3	Abschluss	21	P01-1.2	
P01-2	Suche Räumlichkeit			
P01-2.1	Anforderungen zusammenstellen	10	MS1	
P01-2.2	Angebote einholen	42	P01-2.1	
P01-2.3	Entscheidung vorbereiten	5	P01-2.2	
P01-2.4	Mietvertrag vorbereiten	7	P01-2.3	
MS2	Mietvertrag unterschrieben	0	P01-2.4	
P01-3	Aufbau Infrastruktur			
P01-3.1	Lastenheft erstellen	14	MS2	
P01-3.2	Angebote einholen	15	P01-3.1	
P01-3.3	Entscheidung			
P01-3.3.1	Entscheidung vorbereiten	5	P01-3.2	
P01-3.3.2	Freigabe	1	P01-3.3.1	
P01-3.4	Aufbau steuern	30	P01-3.3.2	
MS3	Arbeiten Infrastruktur abgeschlossen	0	P01-3.4	
P01-4	Umzug			
P01-4.1	Angebote einholen	15	MS3	EA-15 Tage
P01-4.2	Entscheidung vorbereiten	5	P01-4.1	
P01-4.3	Umzug koordinieren	17	P01-4.2	
MS4	Umzug abgeschlossen	0	P01-4.3	
P01-5	Abschluss			

PSP Code	Vorgang	Dauer Tage	Vorgänger	AOB
P01-5.1	Abnahme	1	MS4	
P01-5.2	Abschlussworkshop	1	P01-5.1	EA+5 Tage
P01-5.3	MA-Befragung durch-führen & auswerten	12	P01-5.2	AA
P01-5.4	Daten sichern	1	P01-5.2 P01-5.3	
MS5	Projektabschluss	0	P01-5.4 P01-1.3	

Abb. 21: Vorgangsliste

AOB := Anordnungsbeziehung
EA := Ende-Anfangsfolge (Normalfolge)
AA := Anfang-Angangsfolge

Alle AOBs ohne Inhalt sind eine Ende-Anfangsfolge (Normalfolge) ohne eine Verschiebung.

Das Arbeitspaket P01-3.3 wurde zur besseren Steuerung in zwei Vorgänge unterteilt.

4.9.2 Vernetzter Balkenplan

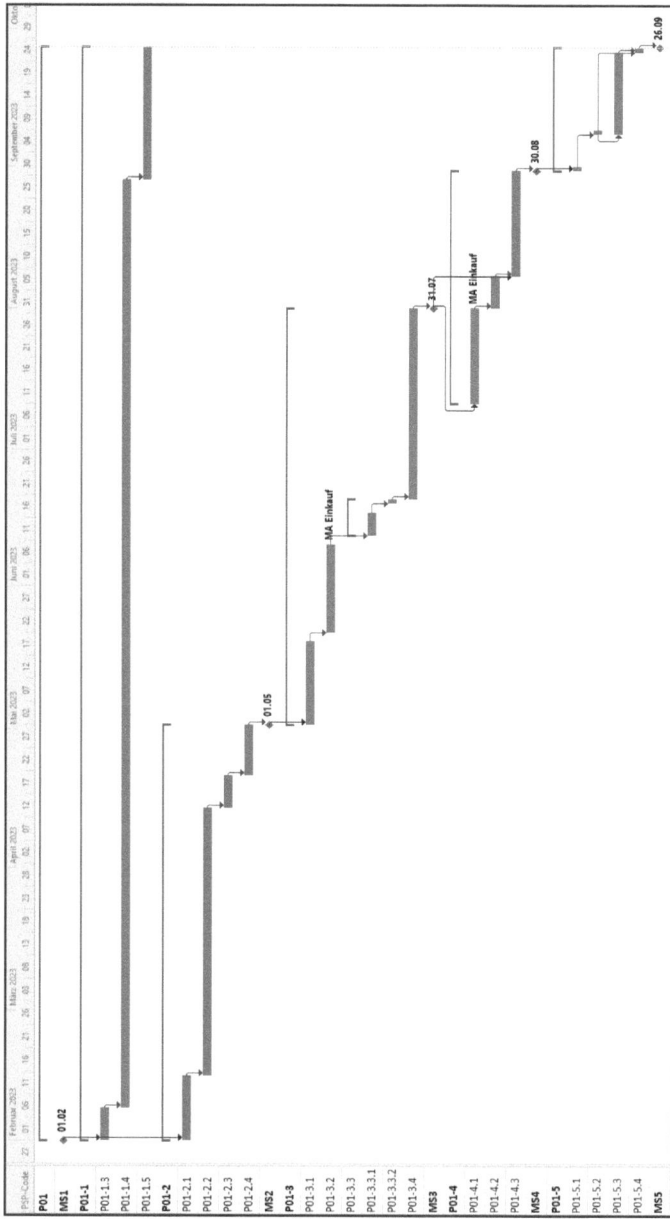

Kritischer Pfad:
Alle Vorgänge
gehören zum
kritischen Pfad.

[Hinweis: zu besseren Lesbarkeit wurde der Balkenplan im Querformat dargestellt]

Abb. 22: Vernetzter Balkenplan

4.10 Ressourcen 4.5.8

4.10.0 Worum geht es?

Im ersten Teil müssen wir tabellarisch alle Ressourcen aufführen, die im Projekt benötigt werden, also einen sogenannten Ressourcenbedarfsplan. In diesem Plan wird aufgezeigt welche Ressourcen an Menge und Dauer benötigt werden.

Im zweiten Teil dürfen wir uns eine Ressource aussuchen und für diese eine Ressourcenganglinie zeichnen. Eine Ressourcenganglinie zeigt den zeitlichen Verlauf der benötigten Ressource während des Projekts.

4.10.1 Benötigte Ressourcen

Die benötigten Ressourcen wurde von den jeweiligen Arbeitspaketverantwortlichen ermittelt und das Ergebnis mit dem Projektleiter abgestimmt.

Ressource	Qualifikation	Bedarf	Dauer
Personelle Einsatzmittel			
Projektleiter	Zertifiziert nach IPMA oder PMI	1	170
MA Einkauf	Verhandlungsgeschick	1	30
Hausjurist	Anwalt, Vertragsrecht	1	10
Betriebselektriker	Ausbildung zum Elektriker	2	12
MA Finanzen	Buchhalter	1	3
Umzugshelfer	Hilfskräfte	5	15
Sachliche Einsatzmittel			
Rollwagen	60x120 cm; 4 Rollen; max. Belastbarkeit 100 kg	5	15

Abb. 23: Ressourcenbedarfsplan

Sachmittel, wie z. b. Umzugskartons, Netzwerkkabel etc. werden von den externen Dienstleistern gestellt.

4.10.2 Ressourcenganglinie für eine Ressource

Ressource	AP-Code	Bedarf	Dauer	Verfügbar
MA Einkauf	P01-3.2	1	15	1
MA Einkauf	P01-4.1	1	15	2

Abb. 24: Ressourcenbedarf MA Einkauf

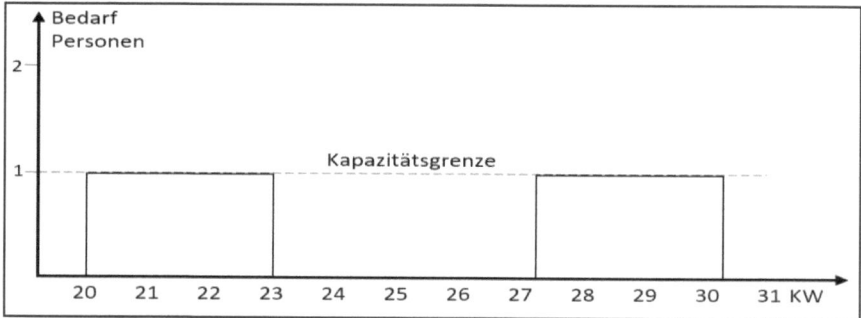

Abb. 25: Ressourcenganglinie

4.11 Kosten und Finanzierung 4.5.7

4.11.0 Worum geht es?

Für das in Kapitel 4.8.3 beschrieben Arbeitspaket sollen wir nun erläutern, wie die Kosten ermittelt worden sind. Darüber hinaus sollen die Kosten tabellarisch aufgelistet werden.

Grundsätzlich kann die Kostenplanung entweder im Bottom-Up-Verfahren oder im Top-Down-Verfahren durchgeführt werden.

Im Top-Down-Verfahren geht man vom Allgemeinen zum Konkreten vor; man verfeinert immer weiter. Das Gesamtbudget wird auf die einzelnen Arbeitspakete heruntergebrochen.

Beim Bottom-Up-Verfahren geht man den umgekehrten Weg, vom Speziellen zum Ganzen. Ausgehend von den Aufwandschätzungen der einzelnen Arbeitspakete ergibt sich das Gesamtbudget durch Addition der so ermittelten Kosten über alle Arbeitspakete.

4.11.1 Kostenermittlung für ausgewähltes Arbeitspaket

Wir haben das Bottom-Up-Verfahren gewählt. Mit dem Arbeitspaketverantwortlichen und dem Leiter Einkauf wurde gemeinsam die Kostenermittlung vorgenommen. Da Erfahrungswerte aus bisherigen Projekten fehlten, wurde eine Expertenschätzung in Form einer Delphi-Breitbandmethode durchgeführt.

Der Tagessatz von 480 € ist der Verrechnungssatz für interne Mitarbeiter im Einkauf.

Projekt: P01			Datum: 13.05.2023		
PSP-Code: P01-4.1			Verantwortlich: H. Simpson		
Nr.	Kosten	Personentage/ Anzahl	Kostensatz	Kosten Gesamt	
1	Personal intern	15	480 €	7.200 €	
2	Sachkosten	--	--	--	
				Gesamtkosten	7.200 €

Abb. 26: Kostenermittlung AP P01-4.1

4.12 Planung und Steuerung 4.5.10

4.12.0 Worum geht es?

Auch in diesem Kapitel geht es um unser Arbeitspaket aus *Kapitel 4.8.3.*
Wir sollen einen Statusbericht als Formblatt entwerfen und dieses mit den Daten des Arbeitspakets füllen.

Der Statusbericht ist ein zeitgesteuerter Bericht. D. h., er wird nach einem festgelegten Zeitplan erstellt (z. B. jeden zweiten Freitag).
Ein Statusbericht ist ein formeller Bericht. Der Inhalt wird individuell in jeder Organisation vorgegeben und ist nicht genormt. Er enthält Informationen wie z. B. Name des Projekts und des Projektleiters, Datum des Berichts, den Projektfortschritt (beispielsweise in Form einer Ampel), Status Leistung/Zeit/Budget, Risiken und weitere Angaben über die nächsten Arbeitsschritte.

4.12.1 Statusbericht

Statusbericht			
Projekt	**P01-2023**	**Umzug admin. Abteilungen**	
Arbeitspaket	P01-2023-410	Angebote für Umzug einholen	
Stand	15.07.2023	**Ersteller**	H. Simpson

Status	**Trend**	**Ist**	
Termin	↗	Fortschritt 33%	
Kosten	↑	Restaufwand 10 PT	
Leistung	↗	1 Angebot: 33%	

Status

- 5 Firmen angeschrieben
- mit 4 Firmen Umfang besprochen
- 1 belastbares Angebot erhalten

Weiteres Vorgehen

- 7 weitere Umzugsfirmen anschreiben, um mindestens zwei weitere Angebote zu erhalten
- Umfang mit rückmeldenden Firmen besprechen

Abweichungen		**Begründung**		
keine				

Budget	**Aufwand bisher**	**Berichtzeitraum**	**Aufwand total**	**Reserve**
7.200	0	2.400	2.400	4.800

Bemerkungen

Verfasser: H. Simpson	Empfänger: Frank Pannwitz	nächster Bericht: 22.07.22

Abb. 27: Statusbericht für das ausgewählte AP

4.13 Selbstreflexion und Selbstmanagement 4.4.1

4.13.0 Worum geht es?

Im ersten Unterpunkt wird es für die meisten etwas schwierig, denn wir sollen beschreiben, wie wir unsere Rolle als Projektleiter gesehen haben. Dazu gehört auch über Stärken und Schwächen zu sprechen und Verbesserungspotential aufzuzeigen.
D. h., in diesem Unterkapitel müssen wir richtig kreativ werden.

In der zweiten Teilaufgabe wird es dann wieder etwas einfacher. Wir sollen vier Aufgaben des Projekts in einer Eisenhower-Matrix darstellen.
Die Vorgehensweise ist recht einfach. Anhand der Kriterien **Dringlichkeit** *und* **Wichtigkeit** *werden Aufgaben der Matrix zugeordnet:*

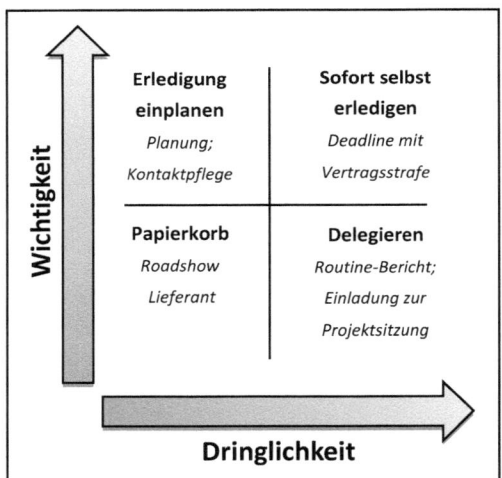

Abb. 28: Eisenhower-Matrix (Beispiel)

4.13.1 Reflexion der eigenen Teamrolle

- **Eigene Rolle**

  In diesem Projekt habe ich die Rolle des Projektleiters übernommen. In dieser Rolle musste ich sehr viel mit der Geschäftsführung und dem Lenkungsausschuss kommunizieren, da unterschwellig stets das Gefühl vorhanden war, dass der Termin des Umzugs nicht gehalten wird.

- **Stärken**

  Durch meine offene Kommunikation konnte ich die unterschwellig vorhandenen Bedenken immer wieder beseitigen. Dies betraf sowohl den Geschäftsführer Hr. Geizig als auch den Lenkungsausschuss.

  Auch die Kommunikation innerhalb des Teams habe ich zufriedenstellend bewerkstellig. Alle Teammitglieder waren stets auf dem aktuellen Stand. Dieses habe ich meiner strukturierten Arbeitsweise zu verdanken. Darüber hinaus schätze ich den persönlichen Kontakt. Hierdurch konnten kleinere Probleme schnell und unproblematisch gelöst werden.

- **Schwächen**

  Manchmal kommuniziere ich zu viel. Hier fehlt eindeutig noch das richtige Mittelmaß. Auch wurde meine diplomatische, vermittelnde Art ausgenutzt. Dieses geschah vor allem bei dem externen Dienstleister der Infrastruktur. Hier fehlt mir des Öfteren ein autoritäreres Auftreten.

- **Verbesserungspotential**

  Nach Rücksprache mit meinem Vorgesetzten, werde ich mit der Personalabteilung einen persönlichen Plan erarbeiten, um meine Schwächen zu minimieren. Hierbei denke ich insbesondere an eine Schulung, um besser mit schwierigen (externen) Mitarbeitern umzugehen.

4.13.2 Darstellung von 4 Projekt-Aufgaben in einer Eisenhower-Matrix

Diese Matrix wurde kurz vor dem Termin mit dem GF bezüglich des Mietvertrags aufgestellt.

	nicht dringlich	dringlich
Wichtig	Planung der Abnahme	Abstimmung über Mietvertrag mit GF
Nicht wichtig	Einladung zu Verkaufspräsentation Zulieferer	Anzahl an zusätzlich benötigten Umzugskartons

Abb. 29: Eisenhower-Matrix

4.14 Persönliche Kommunikation 4.4.3

4.14.0 Worum geht es?

In diesem Kapitel sollen wir anhand eines Kommunikationsmodells darstellen, wie im Projekt aus Sender und Empfängersicht deine Kommunikation sich vollzogen hat.
Hierfür stehen uns verschiedene Modelle zur Verfügung:

- *Eisberg- Modell* (Freud, 2020)
- *4-Ohren Modell nach Schulz von Thun* (Schulz von Thun, 2010)
- *Sender-Empfänger-Modell*
- *5 Axiome der Kommunikation nach Watzlawick* (Watzlawick, Beavin, & Jackson, 2016)
- *...*

Für die Darstellung dürfen wir es beschreiben oder eine Grafik bzw. Tabelle verwenden.

Ich werde als Modell das 4-Ohren Modell nach Schulz von Thun verwenden: Wenn ich als Mensch etwas von mir gebe, bin ich auf vierfache Weise wirksam. Jede meiner Äußerungen enthält, ob ich will oder nicht, gleichzeitig **vier Botschaften***:*

- *eine **Sachinformation** (worüber ich informiere)*
- *eine **Selbstoffenbarung** (was ich von mir zu erkennen gebe)*
- *einen **Beziehungshinweis** (was ich von dir halte und wie ich zu dir stehe)*
- *einen **Appell** (was ich bei dir erreichen möchte)*

4.14.2 Darstellung eines im Projekt angewandten Kommunikationsmodells

Wie Konrad Lorenz schon feststellte, kommt bei einer vom Sender gedanklich formulierten Nachricht bis zum Verstehen dieser Nachricht durch den Empfänger häufig zu Störungen:

- Gedacht ist nicht gesagt
- Gesagt ist nicht gehört
- Gehört ist nicht verstanden
- Verstanden ist nicht einverstanden
- Einverstanden ist nicht Behalten

Im Folgenden soll anhand des 4-Ohren-Models nach Schulz von Thun eine Kommunikationsstörung dargestellt werden.

Situation: Der Projektleiter fragt den AP-Verantwortlichen, ob der Termin verkürzt werden kann.

Ebene	Sender	Empfänger
Sachebene	Der vereinbarte Termin soll verkürzt werden	Der vereinbarte Termin soll verkürzt werden
Selbstoffenbarung	Der LA macht mir Druck	Überstunden kann ich z. Z. nicht machen
Beziehungsebene	Er sollte sich mehr auf das Projekt konzentriert	Immer verlangt er, dass es schneller geht
Apell	Bitte mache Überstunden!	Los, mach Überstunden!

Abb. 30: 4-Ohren-Modell nach Schulz von Thun

4.15 Vielseitigkeit 4.4.8

4.15.0 Worum geht es?

In der letzten Aufgabe des Reports sollen wir einige Moderationstechniken beschreiben, die wir im Projekt angewendet haben und den Anlass angeben.
Oftmals wird nicht zwischen Moderations- und Kreativitätsmethoden unterschieden.
Hierfür stehe uns einige Techniken zu Auswahl (Andler, 2015):

- Blitzlicht
- Brainstorming
- Metaplantechnik
- Mind-Mapping
- ...

4.15.1 Im Projekt angewandte Moderationstechniken

- **Blitzlicht**

  Als Eröffnung der Teammeetings wurde von mir (Projektleiter) ein Blitzlicht angewendet. Hierzu habe ich eine kurze Frage formuliert. Jeder beantwortete nacheinander die Frage kurz aus der Ich-Perspektive. Die Antworten wurden nicht kommentiert, sondern für sich stehengelassen. Erst nach Abschluss der Blitzlicht-Runde wurde bei Bedarf eine Diskussion geführt.

- **Brainstorming/Mind-Mapping**

  Bei der Risikoanalyse haben wir das Brainstorming angewendet und als Mind-Map dargestellt. Hierzu wurden zunächst Risiken von den Teilnehmern genannt. Im Anschluss wurde Schadenshöhe und die Eintrittswahrscheinlichkeit erörtert. Das Ergebnis wurde bei der weiteren Analyse der Risiken verwendet.

- **Kartenabfrage**

  Für die Aufwandsschätzung wurde mit der Kartenabfrage die PERT-Methode angewendet. Hierzu sollten alle Teilnehmer zunächst für den Aufwand einer Aufgabe einen pessimistischen, wahrscheinlichen und optimistischen Wert schätzen. Diese Schätzungen haben sie jeweils auf Karten geschrieben. Die Karten wurden an der Metaplanwand geclustert. Anschließend fand eine Diskussion statt. Das Ergebnis wurde festgehalten und für die Planung verwendet.

4.16 Anlage/Anhang

Zum Abschluss Ihres Berichts müssen noch die Anlagen zusammengestellt werden. Hierfür benötigen Sie:

- Anlageverzeichnis (Inhaltsverzeichnis des Anhangs)
- Abkürzungsverzeichnis
- Abbildungsverzeichnis
- Tabellenverzeichnis
- Quellverzeichnis (wenn fremde Quellen verwendet wurden)

Der Umfang des Anhangs zählt, wie bereits erwähnt, nicht zu den max. 25 erlaubten Seiten des Reports.

Bitte vergessen Sie nicht, als letzte Seite Ihres Reports die **Selbsterklärung** (s. Kap. 3.3) zuzufügen.

5 Nachwort

Fertig! Wir haben es geschafft! Sie wissen nun, was man für einen erfolgreichen Report benötigt.

Wenn Sie parallel zum Lesen Ihren Report verfasst haben, dann liegt viel Arbeit hinter Ihnen. Aber es hat sich gelohnt, denn für den einen oder anderen ist es einfacher, einen Report zu erstellen, als die 90-minütige schriftliche Prüfung des Basiszertifikats (= Level D 2. Teil) abzulegen, in der in der Tat sehr viel Stoff und ein umfangreiches Wissen abverlangt wird.

Aber eine Prüfung haben Sie trotzdem noch vor sich. Auch wenn diese von vielen Teilnehmer einfacher eingeschätzt wird als die des Basiszertifikats, sollen Sie diese nicht unterschätzen. Auch in dieser wird viel breitgefächertes Wissen abgefragt. Gerne möchte ich diesem Zusammenhang auf den entsprechenden Teil meiner Buchreihe verweisen (IPMA© Prüfungswissen kompakt – Level D Teil 1; ISBN 978-3-7543-0505-8)

Aber letztendlich lohnt sich der ganze Aufwand: eine IPMA®-Zertifizierung ist in der Industrie hoch angesehen und öffnet viele Wege für einen Job im Projektmanagement.

Ich hoffe, dieses Taschenbuch hilft Ihnen, einen Report zu verfassen, der den Ansprüchen des Assessors genügt.

Ich wünsche Ihnen jedenfalls **VIEL ERFOLG** bei Ihrem Report und **VIEL GLÜCK** für Ihre anschließende Prüfung!

6 Anhang

6.1 Abbildungsverzeichnis

6.2 Literaturverzeichnis

Andler, N. (2015). *Tools für Projektmanagement, Workshops und Consulting: Kompendium der wichtigsten Techniken und Methoden* (6. Ausg.). Publicis.

Burghardt, M. (2018). *Projektmanagement: Leitfaden für die Planung, Überwachung und Steuerung von Projekten.* Publicis.

Freud, S. (2020). *Hauptwerk in 3 Bänden.* Nikol-Verlag.

PM-Zert. (2020a). *Leitfaden für die Zertifizierung Basiszertifikat im Projektmanagement (GPM).*

PM-Zert. (2022). *Leitfaden für die Zertikanten Level D.* Von IPMA Level D: https://www.gpm-ipma.de/zertifizierung/projektmanager/ipma_level_d.html abgerufen am 28.04.2022

projektmagazin. (2021). *Stakeholdermanagement.* Von https://www.projektmagazin.de/methoden/stakeholdermanagement abgerufen

Schulz von Thun, F. (2010). *Miteinander reden 1 – Störungen und Klärungen. Allgemeine Psychologie der Kommunikation* (48. Ausg.). Hamburg: Rowohlt Taschenbuch.

Timinger, H. (2017). *Modernes Projektmanagement.* WILEY-VCH Verlag.

Watzlawick, P., Beavin, J., & Jackson, D. (2016). *Menschliche Kommunikation: Formen, Störungen, Paradoxien* (13. Ausg.). Hogrefe AG.

6.3 Bildnachweis

Coverbild:
„industrie-geschäftsmann-mann-anzug-2633878": © Gerd Altmann/Freiburg lizenz free by pixabay; Download: 13.05.2021

Kleeblatt:
„glücksklee-klee-glück-kleeblatt-437259": © Gaby Stein/Mannheim lizenz free by pixabay; Download: 13.05.2021

Sonstige Abbildungen wurden vom Autor erstellt.

Buchreihe „IPMA© Prüfungswissen kompakt"

Mit diesen Taschenbüchern möchte ich Ihnen die Angst vor Ihrer Prüfung nehmen, da Sie sich gezielt vorbereiten können:

IPMA® Basiszertifikat

Level D-Prüfung Teil 2

- Das Buch umfasst auf 122 Seiten inhaltlich alle prüfungsrelevanten Aspekte des Basiszertifikats, sowie der Level D- Prüfung Teil 2.
- Alle Themen konzentrieren sich hierbei auf das Wesentliche.
- Über 40 Abbildungen ergänzen den Lernstoff.
- Über 200 Schlagwörter erleichtern das schnelle Nachschlagen.

ISBN-10: 3753416576

€ 14,99

IPMA® Level D-Prüfung Teil 1

- Das Buch umfasst auf 72 Seiten inhaltlich alle prüfungsrelevanten Aspekte der Level D-Prüfung Teil 1.
- Alle Themen konzentrieren sich hierbei auf das Wesentliche.
- Zahlreiche Abbildungen ergänzen den Lernstoff.
- Über 120 Schlagwörter erleichtern das schnelle Nachschlagen.

ISBN-10: 3754305050

€ 9,99